Przebudzenie do uniwersalnego macierzyństwa

Przebudzenie do uniwersalnego macierzyństwa

Przemówienie wygłoszone przez
Śri Mata Amritanandamayi

podczas
**Ogólnoświatowej Pokojowej Inicjatywy Kobiet
- przywódczyń religijnych i duchowych.**

*Pałac Narodów, Genewa
7 października 2002*

Mata Amritanandamayi Center, San Ramon
Kalifornia, Stany Zjednoczone

Przebudzenie do uniwersalnego macierzyństwa

Tłumaczenie z języka malajalam na angielski: Swami Amritaswarupananda Puri

Wydawnictwo:
   Mata Amritanandamayi Center
   P.O. Box 613
   San Ramon, CA 94583
   Stany Zjednoczone

— *The Awakening of Universal Motherhood (Polish)* —

Pierwsze wydanie w języku polskim przez MA Center: kwiecień 2016

Polska strona internetowa: www.amma–polska.pl

W Indiach
   www.amritapuri.org
   inform@amritapuri.org

Spis treści

Modlitwa

ॐ

असतो मा सद्गमय

तमसो मा ज्योतिर्गमय

मृत्योर्मा अमृतं गमय

ॐ शान्तिः शान्तिः शान्तिः

asato ma sadgamaja
tamaso ma dżjotirgamaja
mrtjorma amrtam gamaja
Om śanti śanti śanti

Z fałszu prowadź nas do prawdy
Z ciemności prowadź nas ku światłu
Ze śmiertelności prowadź
nas w nieśmiertelność
Om pokój pokój pokój

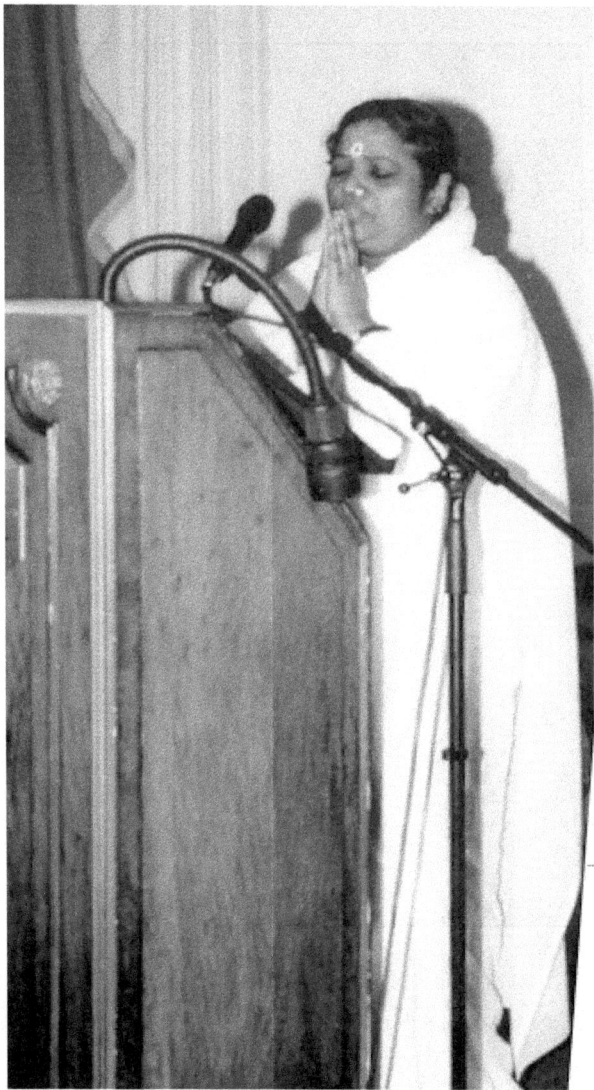

Ze światłem pokoju

Wstęp

Potęga macierzyństwa

Swami Amritaswarupananda Puri

Narody świata, wstrząśnięte przelewem krwi i konfliktami wywołanymi przez I wojnę światową, połączyły swe siły i powołały do życia świątynię pokoju, Ligę Narodów. Jej główną siedzibą była Genewa w Szwajcarii. W czasach, kiedy państwa współzawodniczyły ze sobą, by dowieść, które jest najpotężniejsze, Liga była światłem przewodnim wskazującym klasom rządzącym i zwykłym ludziom drogę do pokoju. To było jej celem. Mimo iż II wojna światowa położyła kres istnieniu Ligi Narodów, narody świata ponownie się zjednoczyły, czego rezultatem było powstanie Organizacji Narodów Zjednoczonych.

W dniach 6-9 października 2002 r., doszło do kolejnego spotkania narodów w Genewie: spotkania kobiet - duchowych i religijnych przywódczyń ze wszystkich części świata i różnych religii, zorganizowanego przez Ogólnoświatową Pokojową Inicjatywę Kobiet - Duchowych i Religijnych Przywódczyń (Global Peace Initiative of Women

Religious and Spiritual Leaders). Konferencja ta została zwołana na wniosek obradującego dwa lata wcześniej w siedzibie Organizacji Narodów Zjednoczonych w Nowym Jorku, Milenijnego Światowego Szczytu Pokoju (The Millennium World Peace Summit). W konferencji w Genewie uczestniczyły przedstawicielki 125 państw.

6 października 2002 r. odbyły się dwie główne sesje. Pierwsza w hotelu Beau-Rivage w samym sercu Genewy. Kobiety zebrały się tam w duchu wspólnoty, przekraczając granice religii, kultur, ras i języków. Zjednoczone prawdziwą tęsknotą za światowym pokojem, wspólnie modliły się i medytowały, czyniąc tym pierwszy krok na drodze do pokoju.

Około trzeciej po południu, przed wejściem do hotelu Beau-Rivage pojawiła się Amma. Przewodnicząca Ogólnoświatowej Inicjatywy Pokojowej, pani Dena Merriam, oraz Sekretarz Generalny Milenijnego Szczytu Pokoju, pan Bawa Jain, czekali w holu, aby ją powitać. Następnie Amma udała się w ich towarzystwie na spotkanie z przedstawicielami niezależnej agencji medialnej Ruder Finn Group oraz One Voice International, amerykańskiej kompanii zajmującej się produkcją filmów dokumentalnych. Przedstawiciele obu organizacji niezwłocznie przystąpili do przeprowadzenia wywiadu z Ammą.

Reporter z Ruder Finn Group zapytał: Jeżeli istnieje jakiekolwiek prawdopodobieństwo zaprowadzenia powszechnego pokoju na świecie, w jaki sposób możemy to osiągnąć?

Amma uśmiechnęła się. – To bardzo proste. Przede wszystkim, przemiana powinna dokonać się w nas samych. Wówczas, automatycznie, zmieni się świat – i zapanuje pokój.

Pytanie: Jakie to byłyby zmiany?

Amma: Zmiany spowodowane wprowadzeniem w życie duchowych zasad.

Potem zadawał pytania Ammie przedstawiciel One Voice International.

Pytanie: Co można zrobić, żeby zmienić mentalność mężczyzn oraz społeczeństwa, które uważa kobiety za istoty podrzędne?

– Kobieta powinna trwać mocno zakorzeniona w macierzyństwie, które jest jej prawdziwą naturą – odpowiedziała Amma z właściwą sobie prostotą.

Pytanie: Czy Amma twierdzi, że kobieta nie powinna realizować się w innych dziedzinach życia?

Amma: Nie, Amma sądzi, że kobieta powinna realizować się w każdej dziedzinie życia. Jednak we wszystkim, co robi, powinna mieć silną wiarę w moc macierzyństwa. Działania pozbawione tej wiary, w jakiejkolwiek sferze, nie pomogą kobietom rozwijać się, lecz je osłabią.

W wywiadzie tym Amma naszkicowała treść swojego przemówienia, które miała wygłosić następnego dnia w Palais des Nations. Zamierzała w nim wyjaśnić, że „macierzyństwo" jest jakością, którą mogą, a wręcz powinni, rozwijać w sobie zarówno mężczyźni, jak i kobiety.

„Miłość obudzonego macierzyństwa, to miłość i współczucie odczuwane nie tylko wobec własnych dzieci, lecz także wszystkich ludzi, zwierząt, roślin, skał i rzek. Miłość ta rozciąga się na całą naturę i ogarnia wszystkie istoty. W rzeczywistości, dla kobiety, w której przebudziło się prawdziwe macierzyństwo, wszystkie stworzenia są jej dziećmi. Taka miłość, takie macierzyństwo jest Boską Miłością - to właśnie jest Bóg".

W dalszej części wywiadu padały kolejne pytania.

Pytanie: Co Amma sądzi o postawie mężczyzn w ogóle?

Amma: Oni także są dziećmi Ammy. Jednak nadal jest im trudno głęboko odczuć szacunek i uznanie, które zewnętrznie okazują swym żonom, matkom czy siostrom, gdyż z reguły bardziej wierzą w siłę swoich mięśni!

Spotkanie Ogólnoświatowej Inicjatywy Pokojowej, miało miejsce w niespełna rok po niszczycielskich atakach terrorystycznych 11 września 2001 r. Zrozumiałym jest więc, że kolejnym punktem programu było spotkanie nawiązujące do tych tragicznych wydarzeń.

Pani Debra Olsen z One Voice International przedstawiła Ammie Amerykankę, która była zawodowym strażakiem: „To jest Jennifer. Przyjechała z Nowego Jorku. W dniu ataku była na miejscu przy World Trade Center, pomagając w gaszeniu pożaru. Nie doszła jeszcze w pełni do siebie po szoku, jaki wywołała w niej tamta katastrofa. Czy Amma mogłaby ją pobłogosławić?".

Amma, być może, pomyślała wtedy o losie tysięcy bezbronnych i niewinnych ludzi, którzy zginęli tego dnia, ponieważ jej twarz i oczy wyraźnie odzwierciedlały smutek. Podczas gdy z miłością obejmowała Jennifer ocierając jej łzy, oczy Ammy również się zaszkliły. Łzy pojawiły się także w oczach wielu osób, będących świadkami tej wzruszającej sceny.

Jennifer przywiozła ze sobą osobliwe pamiątki z miejsca po World Trade Center, znanego obecnie jako „Ground Zero". Był to kawałek betonu i klucz stopiony w piekle niszczycielskiego ognia. Pokazując je Ammie, Jennifer powiedziała: Sama nie wiem, dlaczego je zabrałam, ale musiałam przywieźć ze sobą to cierpienie. Przywiozłam w nadziei, że zabiorę je z powrotem, uwolniona od obciążających mnie uczuć. Przyjechałam tu przepełniona gniewem, z nadzieją, że uzyskam choćby odrobinę spokoju ducha. Powiedziawszy to, wręczyła Ammie te straszliwe pamiątki. Amma przyjęła je z szacunkiem i pocałowała.

Debra Olsen zapytała Ammę: Jennifer nie wierzy w Boga, ani nie praktykuje żadnej religii. Jest za to pełna miłości i współczucia dla cierpiących. Czy potrzebuje modlić się do jakiegoś Boga?

Amma odpowiedziała: Bóg jest miłością i współczuciem dla cierpiących. Jeśli ktoś ma takie serce, to nie potrzebuje modlić się do Boga.

Padło jeszcze wiele innych pytań, na które Amma odpowiadała pięknie i z prostotą. Po rozmowie z Jennifer, podeszła do Ammy słynna hollywoodzka aktorka, Linda Evans. Była uradowana spotkaniem z Ammą. „Tak wiele słyszałam o tobie, Ammo, lecz dopiero teraz mogę cię poznać. Cóż za błogosławieństwo!" – powiedziała.

14

Patrzyła przez chwilę na Ammę, po czym zapytała: Jaki jest cel boskiego macierzyństwa?

Amma: Jest to doprowadzenie umysłu do stanu, w którym staje się on wszechogarniający.

Pani Evans: Jak można to osiągnąć?

Amma: Ten stan nie jest od nas odrębny. Nie jest też czymś, co można osiągnąć na zewnątrz. Ta moc jest w nas. Gdy sobie to uświadomimy, wszechogarniające macierzyństwo spontanicznie się w nas przebudzi.

Potem zaprowadzono Ammę do innej sali, na spotkanie z laureatką ubiegłorocznej Pokojowej Nagrody Gandhiego-Kinga, dr Jane Goodall – światowej sławy brytyjską badaczką w dziedzinie prymatologii, która następnego ranka miała wręczyć Ammie tegoroczną nagrodę. Natychmiast nawiązała się między nimi głęboka więź porozumienia. Wydawało się, że dr Goodall nie mogła się nasycić uściskami Ammy, mimo że otrzymała ich bardzo dużo. Powiedziała: Twoja słodycz jest nie do opisania! Po chwili dodała: Nie da się tego porównać z czymkolwiek innym.

Dr Goodall, która spędziła 20 lat w afrykańskiej dżungli, żyjąc wśród zwierząt, głównie wśród szympansów, nad którymi prowadziła badania próbując zrozumieć ich świadomość, zapytała

Ammę: Czy uważasz, że zwierzęta są zdolne rozumieć ludzkie serca i reagować na to, co czujemy?

Amma: Zwierzęta, bez wątpienia, potrafią, może nawet lepiej niż ludzie, rozumieć nasze serca i reagować odpowiednim zachowaniem. Amma sama tego doświadczyła.

Następnie Amma podzieliła się z dr Goodall swoimi osobistymi przeżyciami z lat, które spędziła na łonie natury otoczona zwierzętami. Wspomniała o psie, który przynosił jej zawiniątka z jedzeniem, o orle, który upuszczał prosto na jej kolana świeże ryby, o krowie, która pojawiła się przed Ammą, aby napoić ją mlekiem prosto z wymion, o papudze, która płakała wraz z Ammą i o gołębiach, które przed nią tańczyły, gdy śpiewała badżany.

Po rozmowie z dr Goodall, Amma przytuliła przedstawione jej pozostałe osoby: Bawę Jain, Denę Merriam, księżniczkę z Kambodży – Ratnę Devi Noordam, oraz współprzewodniczącą Inicjatywy Pokojowej, czcigodną Joan Campbell. Potem nadszedł czas, aby przyłączyć się do wspólnych modlitw w hotelowej sali balowej.

Amma poprowadziła modlitwę w intencji pokoju na świecie, intonując trzykrotnie *„Lokah samastah sukhino bhavantu"* [*Niech wszystkie istoty* we wszystkich światach *będą szczęśliwe*]. Wszyscy powtarzali tę mantrę wraz z Ammą. Zanim ustały wibracje mantry pokoju, Amma rozpoczęła medytację „Ma-Om", prowadząc i utrzymując delegatów w tej praktyce przez dziesięć minut. Zwieńczeniem tej sesji była modlitwa *Nirwanasztakam* Śri Śankaraczarii, dzięki której wielu delegatów z różnych krajów mogło odczuć pulsujące w sercach błogosławieństwo pokoju.

Drugim głównym wydarzeniem dnia było zgromadzenie wszystkich uczestników konferencji w parku English Garden Lake Park. Po przedstawieniu, Amma wstąpiła na podium.

W swoim pokojowym przesłaniu Amma powiedziała: „Wszyscy potrzebują pokoju. Jednak większość z nich chce być królem. Nikt nie chce być sługą. Jak w takiej sytuacji można oczekiwać pokoju? Czyż nie prowadzi to tylko do wojen i konfliktów? Prawdziwy sługa jest prawdziwym królem. Czyż mleko czarnej, białej i brązowej krowy nie jest zawsze białe? Podobnie, natura każdego człowieka jest taka sama. Pokój i zadowolenie są tak samo ważne dla każdego z nas. Ci, którzy tego pragną, powinni ze sobą współpracować".

Kiedy Amma i wielu innych delegatów zakończyli swoje wypowiedzi, wszyscy wspólnie skandowali: „Nie chcemy wojen. Nie chcemy zbrodni. Pragniemy jedynie pokoju!". Delegaci zapalili świece, wznosząc je w górę jako symbol światła pokoju rozpraszającego mrok wojen i konfliktów. Z uniesionymi wysoko świecami, uczestnicy konferencji, prelegenci oraz ich słuchacze ustawili się na trawniku, formując litery słowa „P-O-K-Ó-J". Tak wiele osób chciało być blisko Ammy, że grupa fotografów (z pobliskiego dachu) zdecydowała ostatecznie utworzyć wykrzyknik po słowie „pokój", gdyż Amma i zgromadzone wokół niej osoby spontanicznie uformowali kropkę!

Następnego dnia, 7 października, odbyła się główna sesja konferencji. W sali Zgromadzenia Ogólnego Narodów Zjednoczonych o godzinie 9 rano Bawa Jain i Dena Merriam przywitali Ammę. Salę wypełnili po brzegi przywódcy duchowi i przedstawiciele różnych religii.

Prelegenci po kolei wygłaszali przemówienia dotyczące wolności kobiet, omawiali problemy społeczne, z jakimi one się borykają oraz poruszali tematy o ogromnych ograniczeniach, jakich kobiety zmuszone są doświadczać.

Proponowane rozwiązania i rady były dobitnie przedstawiane i analizowane bez zbędnego krytycyzmu, czy też egotyzmu, wkradającego się często do tego rodzaju spotkań.

Kobieta i jej macierzyństwo nie są od siebie odrębne; o tym, że stanowią jedność, świadczyła atmosfera czystości, panująca podczas konferencji. Precyzyjny program dnia oraz pokora organizatorów zasługiwały na szczególne uznanie.

Przed południem, o godzinie 11, religijne i duchowe przywódczynie z Filipin, Tajlandii, Izraela, Chin, Afganistanu i Rwandy przemawiały krótko, lecz z pasją na temat „Kobiety i ich wkład w ustanowienie pokoju na świecie". Następnie pani Susan Deihim z Iranu wyraziła pieśnią powszechne pragnienie pokoju.

O godzinie 11.20, pani Dena Merriam wstąpiła na podium. Zwracając się do audytorium, uśmiechnęła się i powiedziała: „Teraz odbędzie się najważniejsza ceremonia tej konferencji, wręczenie tegorocznej Nagrody Gandhiego-Kinga na rzecz Niestosowania Przemocy (Gandhi-King Award for Non-violence). Z wielkim szacunkiem zapraszam Śri Matę Amritanandamayi Devi, aby wstąpiła na podium i odebrała nagrodę".

Kiedy Amma, z charakterystyczną dla niej pokorą i prostotą, wchodziła na scenę, na widowni zabrzmiały entuzjastyczne oklaski i wszyscy wiwatując powstali z miejsc. Składając ręce w tradycyjnym hinduskim geście, oznaczającym poszanowanie i oddanie czci dla boskości w każdym, podeszła do czekających na nią dostojnych osobistości.

Wysoki Komisarz ONZ do spraw Praw Człowieka, Jego Ekscelencja Sergio Vieira de Mello, przywitał Ammę i wprowadził na scenę. Bawa Jain przedstawił go Ammie, a ona czule go przytuliła i ucałowała w dłoń. Komisarz odwzajemnił się, całując serdecznie obie ręce Ammy.

W ciągu kilku kolejnych minut Bawa Jain, zwracając się do wszystkich zgromadzonych, przypomniał dotychczasowych laureatów Nagrody Gandhiego-Kinga: Kofiego Annana (1999 r.), Nelsona Mandelę (2000 r.), oraz Jane Goodall (2001 r.). Następnie poprosił dr Goodall o przedstawienie Ammy i wręczenie jej tegorocznej nagrody.

Słowa dr Goodall płynęły prosto z serca.

„Czuję się ogromnie zaszczycona, że mogę dzielić podium z tak niezwykłą kobietą, uosobieniem wszelkiej dobroci. Całe jej dotychczasowe życie było nadzwyczajne. Od samego początku przeciwstawiała się tradycji. Urodzona w ubogiej rodzinie, z cerą ciemniejszą od swych braci i sióstr, traktowana była przez to gorzej od nich, wręcz jak służąca. Pomimo tych doświadczeń, zaczęła odczuwać w sobie obecność Boga. Odczuwała ją tak intensywnie, że zapragnęła wyjść do innych i podzielić się swoim szczęściem ze wszystkimi, którzy tego szczęścia nie zaznali. I znów, na przekór tradycji, w czasach, kiedy kobietom nie wolno było dotykać obcych, zaczęła przytulać pragnących pocieszenia. Poprzez jej cudowne przytulenie, którego wczoraj sama doświadczyłam, pocieszyła ponad 21 milionów osób – proszę pomyśleć: 21 milionów osób![1] Co więcej, stworzyła olbrzymią sieć charytatywnych instytucji, począwszy od szkół, szpitali i sierocińców, aż po budowę domów dla biednych – projektów tych jest zbyt wiele, by je tu wszystkie wymienić. Na koniec, znów wbrew tradycji, była pierwszą religijną przywódczynią, która nadała kobietom godność kapłanek w tradycyjnych hinduskich świątyniach. Wierzy ona, że dla Boga nie ma różnic pomiędzy kobietą i mężczyzną. Ja zaś wierzę, że oto stoi przed nami ta, która jest ucieleśnieniem Bożej Miłości".

Niezmiernie wzruszona, dr Goodall wręczyła Ammie nagrodę 2002 roku imienia

---

[1] W 2014 roku liczba osób przytulonych przez Ammę przekroczyła 33 miliony (przyp. tłum.).

Gandhiego-Kinga. Delegaci powstali z miejsc, klaszcząc i wiwatując. Kiedy ucichły oklaski, Bawa Jain poprosił Ammę o wygłoszenie odczytu na temat potęgi macierzyństwa.

Przed jego rozpoczęciem Amma w kilku słowach podziękowała wszystkim, przyjmując przyznaną jej nagrodę „Za niestosowanie przemocy". We wstępie wyraziła uznanie dla Mahatmy Gandhiego i doktora Martina Luthera Kinga, stwierdzając, że ci dwaj obrońcy pokoju byli w stanie osiągnąć nadzwyczajny sukces, ponieważ odznaczali się czystością serca i cieszyli się dużym poparciem społeczeństwa. Amma mówiła też o tych, którzy nie ustają w działaniach na rzecz światowego pokoju oraz pomyślności dla wszystkich. Stwierdziła, że to właśnie tacy ludzie zasługują na nagrodę, którą ona przyjmuje w ich imieniu. Amma modliła się również o to, żeby ci, którzy podejmują działania na rzecz światowego pokoju, zostali pobłogosławieni jeszcze większą siłą i odwagą. Następnie przypomniała delegatom:

„Mahatma Gandhi i Wielebny Martin Luther King marzyli o świecie, w którym ludzie byliby kochani i szanowani jako istoty ludzkie oraz traktowani bez jakichkolwiek uprzedzeń. Przez wzgląd na ich pamięć, Amma także przedstawia wam wizję przyszłości. Jest to wizja świata, w którym kobiety i mężczyźni równocześnie się rozwijają, w którym społeczeństwo uznaje fakt, że podobnie jak dwa skrzydła ptaka, tak kobiety i mężczyźni mają jednakową wartość. Bez doskonałej równowagi pomiędzy nimi ludzkość nie może się rozwijać".

Następnie Amma przeszła do głównej części swego przemówienia.

„W oczach Ammy kobiety i mężczyźni są sobie równi. Amma pragnie szczerze przedstawić swoją opinię na ten temat. Obserwacje te niekoniecznie odnoszą się do wszystkich, dotyczą jednak większości z ludzi. Kobiety powinny przebudzić się i wzrastać. Obecnie większość z nich śpi. Przebudzenie drzemiącej w nich mocy jest jedną z najpilniejszych potrzeb naszych czasów".

Przez kolejne dwadzieścia minut z ust Ammy płynęły fundamentalne prawdy. Mówiła o wewnętrznej i zewnętrznej naturze kobiet; o głębi, zasięgu i ograniczeniach ich umysłów, które same sobie narzuciły; o sposobach tłamszenia ich przez realia kulturowe i ogólne nastawienie społeczeństwa; o nieskończonej ukrytej mocy tkwiącej w kobietach.

Podczas gdy Amma z ujmującą prostotą i dogłębnym zrozumieniem poruszała powyższe kwestie, zgromadzeni, w ciszy i zamyśleniu, uważnie przysłuchiwali się jej wypowiedzi. Wówczas swoista moc słów Ammy oraz jej wszechogarniające macierzyństwo były wręcz namacalne.

Zanim Amma zakończyła swoje przemówienie, jasno dowiodła, że uniwersalne macierzyństwo jest jakością, którą powinni rozwijać wszyscy ludzie – zarówno mężczyźni, jak i kobiety.

„Istota macierzyństwa nie ogranicza się tylko do kobiet, które urodziły dzieci; jest nieodłączną naturą tak kobiet, jak i mężczyzn. Jest to stan umysłu. To miłość – i ta miłość jest samym tchnieniem życia. Nikt nie powie: Będę oddychał tylko wtedy, kiedy jestem ze swoją rodziną i przyjaciółmi; nie będę oddychał w obecności moich wrogów. Tak samo jest z ludźmi, w których obudziło się macierzyństwo; miłość i współczucie wobec wszystkich jest dla nich równie ważnym elementem życia, jak oddychanie.

Amma uważa, że rozpoczynający się wiek powinien być poświęcony przebudzeniu uzdrawiającej mocy macierzyństwa. To jest jedyna droga wiodąca do realizacji naszego marzenia o pokoju i harmonii dla wszystkich".

Kiedy Amma zakończyła swoje wystąpienie, zgromadzeni spontanicznie powstali z miejsc, bijąc głośne brawa.

Po zakończeniu sesji spora grupa uczestników pośpieszyła do wielkiego Cudu, jakim jest Amma, by zobaczyć ją z bliska, przywitać i otrzymać jej darszan.

W tym samym czasie w drugiej części sali inni słuchacze udali się tłumnie po kopię przemówienia Ammy.

Podczas powstałego zamieszania pojawił się pan Bawa Jain, żeby zaprosić Ammę do udziału w sesji fotograficznej wraz z innymi delegatami. Tłumy podążały za Ammą, jak pszczoły za królową matką, gdziekolwiek poszła. Pan Jain musiał włożyć wiele wysiłku, aby przebić się do Ammy przez otaczający ją tłum. W końcu, zwracając się do osób znajdujących się wokół niej, powiedział: „Hej, ona jest także moją Matką. Dajcie i mnie szansę!".

Amma opuściła salę w towarzystwie wielebnej Joan Campbell, dr Goodall, kambodżańskiej księżniczki Ratny Devi Noordam, Bawy Jain i Deny Merriam. Na werandzie znajdującej się przed wejściem do sali czekała współprzewodnicząca Ogólnoświatowej Pokojowej Inicjatywy Kobiet - Duchowych i Religijnych Przywódczyń, dr Saleha Mahmood Abedin, muzułmańska uczona i socjalistka z Pakistanu. Gdy tylko dr Abedin zobaczyła Ammę, podeszła się przywitać. Amma przytuliła ją z wielką miłością. Stojąc z głową opartą na ramieniu Ammy, dr Abedin powiedziała cicho: „To, że jesteś tu dziś z nami, jest wielkim błogosławieństwem".

Po sesji fotograficznej Chrześcijańska Agencja Medialna (Christian Broadcasting Corporation) poprosiła Ammę o wywiad.

Pytanie: Amma przyjmuje ludzi przytulając ich. Czy to przytulenie pomaga im w osiągnięciu spokoju ducha?

Amma: To nie jest zwykłe przytulenie, lecz takie, które rozbudza duchowe wartości. Miłość jest naszą prawdziwą naturą. Żyjemy przecież dla miłości, nieprawdaż? Tam, gdzie jest miłość, nie ma konfliktu, jedynie pokój.

Pytanie: Amma ma zwolenników na całym świecie. Czy wszyscy oni wielbią Ammę?

Amma: Amma wielbi *ich*. Wszyscy są dla niej Bogiem. Amma nie ma Boga, który zamieszkuje w niebiosach. Bogiem Ammy jesteście wy wszyscy i wszystko to, co można dostrzec. Amma kocha wszystkich i wszystko, a oni kochają Ammę z wzajemnością. Miłość płynie w obie strony. Tu dwoistość nie istnieje, jest tylko jedność – czysta miłość.

Rzeczywiście, tajemnicą tej wielkiej istoty, która przyciąga cały świat do siebie, jest niekończący się nigdy przepływ Rzeki Miłości – potęga niemożliwego do opisania słowami, wszechogarniającego macierzyństwa.

Ogólnoświatowa pokojowa inicjatywa kobiet - duchowych i religijnych przywódczyń

Pałac Narodów, Genewa
7 października 2002

„Nagroda ta została ustanowiona, aby
upamiętnić dwie wielkie osobistości - Mahatmę
Gandhiego i Wielebnego Martina Luthera
Kinga. Z tej okazji Amma modli się, by ci, którzy
pracują i modlą się o pokój na świecie, zostali
pobłogosławieni większą siłą i inspiracją, oraz żeby
coraz więcej ludzi pracowało na rzecz światowego
pokoju. Amma przyjmuje tę nagrodę w imieniu
ich wszystkich. Amma ofiarowała swoje życie
światu, więc nie ma żadnych roszczeń".

— Amma

Podziękowanie Ammy

*wygłoszone z okazji otrzymania
w roku 2002 Nagrody Gandhiego-
Kinga za Niestosowanie Przemocy*

Amma składa pokłon wszystkim, którzy jesteście ucieleśnieniem Czystej Miłości i Najwyższej Świadomości.

Nagroda ta została ustanowiona, aby upamiętnić dwie wielkie osobistości - Mahatmę Gandhiego i Wielebnego Martina Luthera Kinga. Z tej okazji Amma modli się, by ci, którzy pracują i modlą się o pokój na świecie, zostali pobłogosławieni większą siłą i inspiracją, oraz żeby coraz więcej ludzi pracowało na rzecz światowego pokoju. Amma przyjmuje tę nagrodę w imieniu ich wszystkich. Amma ofiarowała swoje życie światu, więc nie ma żadnych roszczeń.

Mahatma Gandhi i Wielebny Martin Luther King marzyli o świecie, w którym ludzie byliby kochani i szanowani jako istoty ludzkie oraz traktowani bez jakichkolwiek uprzedzeń. Przez wzgląd na ich pamięć, Amma także przedstawia wam wizję przyszłości. Jest to wizja świata, w którym kobiety i mężczyźni równocześnie się rozwijają, w którym społeczeństwo uznaje fakt, że podobnie

jak dwa skrzydła ptaka, tak kobiety i mężczyźni mają jednakową wartość. Bez doskonałej równowagi pomiędzy nimi ludzkość nie może się rozwijać.

Dr King był odważny jak lew, lecz jego serce miało delikatność kwiatu. Ryzykował swe życie w imię miłości, równości i innych szlachetnych ideałów, w które wierzył. Z ogromną wytrwałością przeciwstawiał się obywatelom własnego kraju. Podobnie, Mahatma Gandhi, nie tylko przemawiał, lecz także wcielał w życie głoszone przez siebie idee. Poświęcił całe życie działaniom na rzecz pokoju i niestosowania przemocy. Mógł zostać premierem albo prezydentem Indii, odmawiał jednak przyjęcia tych funkcji, ponieważ nigdy nie pragnął sławy ani władzy. W rzeczywistości, w godzinie ogłoszenia niepodległości Indii, Gandhi pocieszał ofiary na terenach objętych rozruchami.

Łatwo jest obudzić śpiącego. Wystarczy raz albo dwa nim potrząsnąć. Jednak, choćbyś nawet sto razy potrząsał osobą, która udaje, że śpi, nie przyniesie to żadnego efektu. Większość ludzi należy do tej ostatniej kategorii. Najwyższy czas, abyśmy wszyscy naprawdę się obudzili. Dopóki niższe, zwierzęce skłonności nie zostaną ujarzmione w ludziach, dopóty nasza wizja dotycząca przyszłości ludzkości nie zostanie urzeczywistniona, a pokój pozostanie jedynie odległym marzeniem.

Niechaj dzięki duchowym praktykom narodzi się w nas odwaga i wytrwałość, aby urzeczywistnić to marzenie. W tym celu każdy z nas powinien odkryć i przejawić swoje wrodzone cechy: wiarę, miłość, cierpliwość oraz poświęcenie dla dobra wszystkich. Właśnie to Amma nazywa prawdziwym macierzyństwem.

Główna część wystąpienia Ammy

Przebudzenie do uniwersalnego macierzyństwa

Przemówienie wygłoszone przez
Śri Mata Amritanandamayi

podczas
**Ogólnoświatowej Pokojowej Inicjatywy Kobiet
- przywódczyń religijnych i duchowych.**

*Pałac Narodów, Genewa
7 października 2002*

Amma składa pokłon wszystkim, którzy jesteście ucieleśnieniem Czystej Miłości i Najwyższej Świadomości.

W oczach Ammy kobiety i mężczyźni są sobie równi. Amma pragnie szczerze przedstawić swoją opinię na ten temat. Obserwacje te niekoniecznie odnoszą się do wszystkich, dotyczą jednak większości ludzi.

Kobiety powinny przebudzić się i wzrastać. Obecnie większość z nich śpi. Przebudzenie drzemiącej w nich mocy jest jedną z najpilniejszych potrzeb naszych czasów.

Nie tylko kobiety z krajów rozwiniętych powinny się przebudzić – dotyczy to kobiet na całym świecie. Te żyjące w krajach, gdzie rządzi materializm, powinny się przebudzić do duchowości[1]. Te z krajów, w których zmusza się je do życia wewnątrz ciasnych murów tradycji religijnych, powinny natomiast przebudzić się do nowoczesnego myślenia. Do niedawna powszechnie uważano, że kobiety oraz kultury, w których żyją, przebudzą się dzięki edukacji i rozwojowi materialnemu. Czas jednak pokazał, że to założenie jest zbyt ograniczone. Jedynie wtedy, kiedy wraz z nowoczesną edukacją kobiety przyswoją sobie

---

[1] Duchowość, o której mówi Amma, nie polega na czczeniu Boga siedzącego gdzieś ponad chmurami. Prawdziwą duchowością jest poznanie swojej prawdziwej natury i uświadomienie swojej wewnętrznej, nieskończonej Mocy. Duchowość i życie nie są czymś oddzielnym; są jednością. Prawdziwa duchowość uczy nas, jak żyć w świecie. Nauka oparta na materii uczy nas, jak używać klimatyzacji w świecie zewnętrznym, natomiast nauka duchowa, jak „klimatyzować" świat wewnętrzny.

odwieczną mądrość duchowości, ich wewnętrzna moc przebudzi się, a one przystąpią do działania.

Kto powinien przebudzić kobietę? Co powstrzymuje jej przebudzenie? W rzeczywistości, żadna zewnętrzna siła nie zdoła ograniczyć kobiety ani jej wrodzonych macierzyńskich cech, takich jak miłość, empatia i cierpliwość. Tylko ona – ona sama musi przebudzić siebie. To jej umysł jest jedyną prawdziwą przeszkodą, która nie pozwala tego dokonać.

W większości krajów wciąż jeszcze panują przekonania i przesądy, które degradują kobiety. Prymitywne zwyczaje, wymyślone w przeszłości przez mężczyzn, żeby wykorzystywać i podporządkować sobie kobiety, pozostają żywe do dziś. Kobiece umysły zostały uwikłane w pajęczynę tych zwyczajów. Kobiety zostały zahipnotyzowane przez własne umysły. Same muszą sobie pomóc wyzwolić się z tego magnetycznego pola. To jest jedyny sposób.

Spójrzmy na słonia. Potrafi trąbą wyrwać drzewo z korzeniami. Kiedy młody słoń żyje w niewoli, jest przywiązywany do drzewa mocną liną lub łańcuchem. Ponieważ naturą słonia jest wolność, młode zwierzę instynktownie, z całej siły próbuje zerwać linę. Nie jest jednak wystarczająco silne, by to zrobić. Zdając sobie sprawę, że jego wysiłek jest bezowocny, w końcu poddaje się i przestaje walczyć. Później, kiedy słoń jest już dorosły, może być przywiązany do małego drzewa za pomocą cienkiej liny. Mógłby z łatwością uwolnić się wyrywając drzewo lub zrywając linę. Ponieważ jednak jego umysł został uwarunkowany wcześniejszymi doświadczeniami, nie podejmuje nawet najmniejszej próby, aby się uwolnić.

Tak właśnie dzieje się z kobietami. Społeczeństwo nie pozwala im obudzić ich wewnętrznej mocy. Stworzyliśmy zaporę, która powstrzymuje wyzwolenie się tej wielkiej siły.

Nieskończony potencjał, drzemiący zarówno w kobietach, jak i w mężczyznach, jest taki sam. Jeśli kobiety naprawdę zechcą, to z łatwością będą mogły zerwać kajdany stworzone z zasad i uwarunkowań, w które zakuło je społeczeństwo. Potęga kobiet leży w ich wrodzonym macierzyństwie - w ich twórczej, życiodajnej mocy. Ta siła może pomóc kobietom wprowadzić o wiele bardziej znaczące zmiany w społeczeństwie niż te, które mężczyźni mogliby kiedykolwiek osiągnąć.

Przestarzałe, ułomne koncepcje, wymyślone w przeszłości, blokują kobiety przed osiągnięciem wyżyn duchowych. To cienie, które wciąż je prześladują, wywołując w kobietach strach i nieufność. Kobiety powinny uwolnić się od lęku i nieufności – to tylko złudzenia, nieprawdziwe ograniczenia, które przyjęły jako własne. Muszą zdobyć się na odwagę, żeby przezwyciężyć te iluzoryczne przeszkody. Moc jest już w nich; tu i teraz! A kiedy już raz ta siła zostanie obudzona, nikt nie zdoła zatrzymać marszu kobiet w żadnej dziedzinie życia.

Mężczyźni zazwyczaj wierzą w siłę mięśni. Na poziomie zewnętrznym postrzegają kobiety jako swoje matki, żony i siostry. Nie ma jednak potrzeby ukrywać faktu, że na głębszym poziomie nadal mają wielki opór przed właściwym rozumieniem, akceptacją i uznawaniem kobiet oraz kobiecych aspektów życia.

Amma pamięta historię. W pewnej wiosce mieszkała głęboko uduchowiona kobieta, która odnajdywała ogromne szczęście w służeniu innym. Przywódcy religijni wioski wybrali ją do grona duchownych. Była pierwszą kobietą kapłanką powołaną w okolicy, co nie bardzo podobało się kapłanom-mężczyznom. Jej wielkie współczucie, pokora i mądrość były doceniane przez mieszkańców wsi. To spowodowało wiele zazdrości wśród duchownych płci męskiej.

Pewnego dnia wszyscy kapłani zostali zaproszeni do wzięcia udziału w religijnym zgromadzeniu, które miało się odbyć na wyspie oddalonej o trzy godziny drogi. Kiedy duchowni weszli do łodzi, z niepokojem odkryli, że kapłanka już tam siedziała. Szeptali między sobą: „Co za pech! Ona nie zostawi nas w spokoju". Łódź wyruszyła, ale już po godzinie silnik niespodziewanie ucichł i łódź stanęła w miejscu. Kapitan zawołał: „O, nie! Utknęliśmy! Zapomniałem uzupełnić paliwo!". Nikt nie wiedział, co robić. W zasięgu wzroku nie było żadnej innej łodzi. W tym momencie duchowna wstała i powiedziała: „Nie martwcie się, bracia! Pójdę i przyniosę paliwo". Powiedziawszy to, wysiadła z łodzi i zaczęła iść po wodzie. Kapłani obserwowali ją z wielkim zadziwieniem, jednak natychmiast skomentowali: „Patrzcie na nią! Nawet nie potrafi pływać!".

Taka jest, z reguły, postawa mężczyzn. W ich naturze leży umniejszanie i krytykowanie osiągnięć kobiet. Kobiety nie są dekoracjami czy przedmiotami sterowanymi przez mężczyzn. Mężczyźni traktują kobiety jak rośliny doniczkowe, uniemożliwiając im rozwijanie pełnego potencjału.

Kobiety nie zostały stworzone dla rozrywki mężczyzn, ani do obsługi spotkań przy herbacie.

Mężczyźni traktują kobiety niczym magnetofon, którym lubią posługiwać się zgodnie ze swoimi zachciankami i fantazjami, za pomocą przycisków start i pauza.

Uważają siebie za lepszych od kobiet, zarówno pod względem fizycznym, jak i intelektualnym. Aroganckie, błędne podejście mężczyzn, którzy sądzą, że kobiety nie są zdolne przetrwać bez nich w społeczeństwie, jest wyraźnie widoczne we wszystkim, co robią.

Jeżeli zachowanie kobiety uznawane jest za niewłaściwe, to nawet jeśli ona sama jest niewinną ofiarą, zostanie odrzucona przez społeczeństwo, a często także przez własną rodzinę. Natomiast mężczyzna może być tak niemoralny, jak mu się podoba i uchodzi mu to na sucho. Taka jego postawa rzadko jest kwestionowana.

Nawet w krajach rozwiniętych, kobiety są spychane na margines w sprawach dotyczących dzielenia się władzą polityczną z mężczyznami. To ciekawe, że kraje rozwijające się znacznie wyprzedzają kraje rozwinięte w zapewnianiu kobietom możliwości udziału w życiu politycznym. Jak wiele kobiet można zobaczyć na arenie polityki światowej? Kilka; można je policzyć na palcach jednej ręki. Czy dzieje się tak z powodu, że kobiety się do tego nie nadają, czy też wynika z arogancji mężczyzn?

Odpowiednie warunki i wsparcie innych osób z pewnością pomogą kobietom przebudzić się i powstać. Samo to jednak nie wystarczy. Okoliczności te powinny być dla kobiet inspiracją, lecz siłę muszą one znaleźć w sobie. Prawdziwa siła i moc nie pochodzi z zewnątrz, trzeba ją odkryć wewnątrz.

Kobiety muszą znaleźć w sobie odwagę. Odwaga jest jakością umysłu, a nie cechą ciała. Kobiety mają siłę, aby walczyć przeciwko zasadom społecznym, które uniemożliwiają ich rozwój. Takie jest osobiste doświadczenie Ammy. Pomimo wielu zmian, jakie zaszły w Indiach, jest to kraj, gdzie męska dominacja jest nadal regułą. Nawet dzisiaj, kobiety są wykorzystywane w imię obyczajów religijnych i tradycji.

W Indiach kobiety również budzą się i przystępują do działania. Jeszcze do niedawna, nie pozwalano im modlić się w wewnętrznym sanktuarium świątyni, konsekrować świątyń, ani odprawiać wedyjskich rytuałów. Kobiety nie miały nawet prawa intonować mantr wedyjskich. Lecz Amma zachęca kobiety i zaleca im, aby to robiły.

To właśnie Amma konsekruje wszystkie świątynie wybudowane przez aszram. Wielu ludzi protestowało przeciwko temu, żeby kobiety pełniły takie funkcje, twierdząc, że od pokoleń owe ceremonie i rytuały były wykonywane wyłącznie przez mężczyzn. Wszystkim kwestionującym to nowe podejście Amma wyjaśniała, że oddajemy cześć Bogu, który jest ponad podziałami i nie różnicuje według płci męskiej i żeńskiej. Jak się okazało, większość ludzi poparła ten rewolucyjny krok. W rzeczywistości, zakazy skierowane przeciw kobietom nigdy nie były częścią pradawnej indyjskiej tradycji. Prawdopodobnie, zostały wymyślone w późniejszym okresie przez mężczyzn należących do wyższej klasy społecznej, w celu wykorzystywania i ucisku kobiet. Nie istniały w starożytnych Indiach.

W ówczesnych Indiach mąż zwracał się do żony słowami, które w sanskrycie brzmiały: *Pathni* – ta, która prowadzi męża przez życie; *Dharma-pathni* – ta, która prowadzi męża drogą *dharmy* [prawości i odpowiedzialności] oraz *Sahadharma-charini* – ta, która wraz z mężem kroczy ścieżką *dharmy*. Terminy te wskazują, że status kobiet był równy statusowi mężczyzn, lub nawet wyższy. Życie małżeńskie było uznawane za święte. Jeżeli małżonkowie wiedli życie z właściwym nastawieniem, w zrozumieniu oraz wzajemnym wspieraniu się, mogli dzięki temu osiągnąć ostateczny cel życia – Samorealizację, urzeczywistnienie Boskości. W Indiach, Najwyższej Istoty nigdy nie czczono wyłącznie w formie męskiej. Czczona jest również jako bogini, która przejawia się w wielu aspektach. Na przykład, jest wielbiona jako Saraswati – bogini mądrości i nauki; Lakszmi – bogini dobrobytu oraz Santana Lakszmi – bogini, która tworzy nowe życie w kobiecie. Wielbiona jest także jako Durga – bogini mocy i zwycięskiej siły.

Był czas, kiedy mężczyźni czcili kobietę jako ucieleśnienie wszystkich tych jakości. Kobieta była uważana za przejaw bogini oraz manifestację wszystkich jej atrybutów na ziemi. W późniejszym okresie, z powodu egoizmu niektórych wpływowych oraz żądnych władzy i dominacji mężczyzn, ta głęboka prawda została wypaczona i wykorzeniona z naszej kultury. I stało się tak, że ludzie zapomnieli lub zignorowali głęboki związek między kobietą i Boską Matką.

Powszechnie uważa się islam za religię, która nadaje najniższy status kobiecie. Jednakże takie boskie cechy, jak współczucie i mądrość, Koran przecież przypisuje kobietom.

W chrześcijaństwie, Najwyższa Istota jest czczona wyłącznie jako Bóg Ojciec, Syn Boży i Duch Święty. Żeński aspekt Boga nie jest aż tak rozpowszechniony. Chrystus jednak uznawał, że kobiety i mężczyźni są sobie równi.

Chrystus, Kryszna i Budda, aby się urodzić, potrzebowali kobiety. Bóg, aby się wcielić, potrzebował kobiety, która przechodziła przez cały ból oraz niedogodności ciąży i porodu. Mężczyzna nie był do tego zdolny. Nikt jednak nie widzi w tym niesprawiedliwości, że mężczyźni rządzą kobietami. Żadna prawdziwa religia nie będzie spoglądać na kobiety z góry ani wyrażać się o nich w uwłaczający sposób.

Dla tych, którzy urzeczywistnili Boga, nie ma różnicy pomiędzy mężczyzną i kobietą. Samourzeczywistnieni wszędzie dostrzegają jedność. Jeśli gdziekolwiek na świecie istnieją zasady, które uniemożliwiają kobietom cieszyć się należną im wolnością, które utrudniają ich rozwój społeczny – nie są to przykazania boskie. Zrodziły się one z egoizmu mężczyzn.

Które oko jest ważniejsze, lewe czy prawe? Oba są tak samo ważne. Podobnie jest ze statusem kobiet i mężczyzn w społeczeństwie. Obie strony powinny być świadome swoich szczególnych obowiązków, czyli *dharmy*. Mężczyźni i kobiety muszą się wzajemnie wspierać. Jedynie w ten sposób możemy utrzymać na świecie harmonię. Kiedy mężczyźni i kobiety połączą swoje siły, żeby się obopólnie uzupełniać i współpracować we wzajemnym poszanowaniu, wtedy osiągną doskonałość.

W rzeczywistości, mężczyźni są częścią kobiet. Każde dziecko na początku żyje w łonie matki i stanowi część jej istoty. Jeśli rozważymy temat narodzin, to dojdziemy do wniosku, że jedyną rolą mężczyzny jest ofiarowanie nasienia. Dla niego jest to tylko chwila przyjemności, dla kobiety – dziewięć miesięcy wyrzeczeń. Kobieta jest tą, która przyjmuje nasienie, zachodzi w ciążę i sprawia, że życie staje się częścią jej istoty. To ona tworzy najbardziej sprzyjającą atmosferę, aby ten żywot wzrastał w niej, a następnie przyszedł na świat poprzez narodziny. Kobiety są przede wszystkim matkami, twórczyniami życia. W każdym mężczyźnie jest ukryta tęsknota, aby ponownie zostać otulonym bezwarunkową matczyną miłością. Jednym z subtelnych powodów, dlaczego mężczyźni czują, że kobiety są dla nich atrakcyjne jest to, że mężczyzna rodzi się z kobiety.

Nikt nie może zakwestionować realiów macierzyństwa – tego, że mężczyźni są stworzeni z kobiety. Jednak ci, którzy nie chcą wyjść z kokonów swoich ciasnych umysłów, nigdy tego nie zrozumieją. Nie można wyjaśnić, czym jest światło, ludziom, którzy znają tylko ciemność.

Zasada macierzyństwa jest tak rozległa i potężna, jak wszechświat. Kobieta, dzięki drzemiącej w niej mocy macierzyństwa, może mieć wpływ na cały świat.

Czy Bóg jest mężczyzną czy kobietą? Odpowiedź na to pytanie jest taka, że Bóg nie jest ani mężczyzną, ani kobietą. Bóg jest „Tym". Ale jeśli już koniecznie chce się mieć Boga posiadającego płeć, to Bóg jest bardziej kobietą, niż mężczyzną, gdyż pierwiastek męski zawarty jest w kobiecym.

Każdy – kobieta i mężczyzna – kto ma odwagę przekroczyć ograniczenia umysłu, może osiągnąć stan uniwersalnego macierzyństwa.

Miłość obudzonego macierzyństwa, to miłość i współczucie odczuwane nie tylko wobec własnych dzieci, lecz także wszystkich ludzi, zwierząt, roślin, skał i rzek. Ta miłość rozciąga się na całą naturę i ogarnia wszystkie istoty. W rzeczywistości, dla kobiety, w której przebudziło się prawdziwe macierzyństwo, wszystkie stworzenia są jej dziećmi. Taka miłość, takie macierzyństwo jest Boską Miłością – to właśnie jest Bóg.

Kobiety stanowią ponad połowę światowej populacji. To wielka strata, kiedy odmawia się im możliwości rozwoju oraz należnego wysokiego statusu w społeczeństwie. Odmawiając tego kobietom, społeczeństwo traci ich potencjalny wkład.

Kiedy podważana jest wartość kobiet, również ich dzieci stają się słabe. W ten sposób całe pokolenie traci siłę i witalność. Tylko wtedy, gdy kobiety otrzymują należny im szacunek, możemy stworzyć światły i świadomy świat.

Kobiety potrafią wykonywać wszystkie zadania równie dobrze, jak mężczyźni, a może nawet lepiej. Mają siłę woli i twórczą energię, aby wykonać każdy rodzaj pracy. Amma ma prawo tak twierdzić na podstawie własnego doświadczenia.

Niezależnie od formy działania, kobiety mogą osiągnąć nadzwyczajne rezultaty i to się potwierdza, szczególnie na ścieżce duchowej. Posiadają one czystość umysłu oraz zdolności intelektualne, aby tego dokonać. Jednak we wszystkim, czego się podejmują, zawsze powinien być pozytywny początek. Jeśli początek jest dobry, środek i koniec będą automatycznie dobre; pod warunkiem, że osoba obdarzona jest cierpliwością, wiarą i miłością. Zły początek, oparty na niewłaściwej podstawie, jest jednym z powodów, dlaczego kobiety tak dużo tracą w życiu. Nie chodzi tylko o to, żeby kobiety dzieliły status w społeczeństwie na równi z mężczyznami. Problem tkwi w tym, że one, z powodu niewłaściwego zrozumienia oraz braku świadomości, otrzymują gorszy start w życie. Zatem, kobiety próbują osiągnąć cel, pozbawione jednak korzyści płynących z właściwego rozpoczęcia zadania.

Jeśli chcemy się nauczyć alfabetu łacińskiego, musimy zacząć od pierwszych liter ABC, a nie od XYZ. A jakie jest ABC kobiety? Co jest esencją jej istoty, jej istnienia? To jej wrodzone jakości, podstawowe zasady macierzyństwa. Jakąkolwiek dziedzinę pracy wybierze kobieta, nie powinna zapominać o wartościach, jakimi Bóg szczodrze ją obdarzył. Powinna wykonywać wszystkie swoje działania głęboko zakorzeniona w tym, co stanowi podstawę tych jakości. Podobnie, jak ABC jest początkiem alfabetu, tak macierzyństwo jest podstawą kobiety. Nie powinna ona pomijać tej istotnej części siebie, podejmując działania w innych dziedzinach życia.

Przez kobietę przejawia się wiele różnych mocy, których na ogół nie znajdziemy w mężczyznach. Kobieta posiada zdolność do wielozadaniowości. W przeciwieństwie do mężczyzn, kobiety mają umiejętność robienia kilku rzeczy w tym samym czasie. Nawet jeśli muszą się rozdwoić i robić wiele rzeczy jednocześnie, potrafią wykonywać wszystkie te działania z wdziękiem i perfekcją. Nawet w roli matki, kobieta potrafi przejawiać różne aspekty swej istoty – musi być ciepła i czuła, silna i opiekuńcza oraz szczególnie wymagająca. Rzadko widzimy zespół takich cech u mężczyzn. W gruncie rzeczy, kobiety są bardziej odpowiedzialne niż mężczyźni. Trzymają stery prawości i jedności, tak w rodzinie, jak i w społeczeństwie.

Umysł mężczyzny łatwo utożsamia się ze swoimi myślami i działaniami. Energia męska może być porównana do stojącej wody, w której nie ma przepływu. Zazwyczaj umysł mężczyzny grzęźnie w pracy, którą aktualnie wykonuje. Mężczyznom trudno jest przenosić uwagę z jednej myśli na drugą. Z tego powodu, u wielu z nich życie zawodowe miesza się z prywatnym. Większość nie potrafi tego oddzielić. Z drugiej strony, kobiety mają wrodzoną zdolność w tym zakresie. U mężczyzn występuje głęboko zakorzeniona tendencja do przenoszenia zawodowych nawyków do domu i kierowania się nimi w kontakcie z żoną i dziećmi. Natomiast większość kobiet wie, jak oddzielić życie rodzinne od zawodowego.

Energia żeńska, czy energia kobiet, jest jak płynąca rzeka. Sprawia, że łatwiej kobiecie być matką, żoną i dobrą przyjaciółką, której mąż może zaufać.

Kobieta posiada wyjątkowy dar bycia przewodnikiem i doradcą dla całej rodziny. Kobiety, które pracują, są zdolne, w równym stopniu, odnosić także sukcesy zawodowe.

Moc wrodzonego macierzyństwa pomaga kobiecie znaleźć poczucie głębokiego pokoju i wewnętrznej harmonii. To umożliwia jej zastanowić się i odpowiednio reagować w tym samym czasie; podczas gdy mężczyzn skłonność do refleksji jest mniejsza, za to reagują zbyt szybko. Kobieta potrafi wysłuchiwać problemów innych ludzi i odpowiadać ze współczuciem. Jednocześnie, w obliczu wyzwania, potrafi stawić czoła sytuacji i zareagować z taką samą pewnością, jak mężczyzna.

W dzisiejszym świecie wszystko jest zanieczyszczone i nienaturalne. W takich warunkach kobieta powinna dołożyć wszelkich starań, aby macierzyńskie jakości, stanowiące istotę jej natury, nie zostały zbrukane i wypaczone.

W głębi duszy każdej kobiety znajduje się mężczyzna, a wewnątrz każdego mężczyzny istnieje też kobieta. Tę prawdę odkryli w medytacjach wielcy święci i prorocy wiele wieków temu. Takie jest znaczenie *Ardhanariśwary* [pół Boga i pół Bogini], koncepcji, którą posługuje się hinduizm. Niezależnie, czy jesteś kobietą, czy mężczyzną, twoje prawdziwe człowieczeństwo przejawi się tylko wtedy, kiedy wewnętrzne cechy żeńskie i męskie będą w równowadze.

Również mężczyźni bardzo ucierpieli na skutek wykorzenienia kobiecych jakości ze świata. Z powodu ucisku kobiet i stłumienia żeńskiego aspektu u mężczyzn, ich życie stało się niekompletne, a przez to często bolesne. Mężczyźni także powinni obudzić w sobie żeńskie jakości. Muszą rozwinąć empatię i zrozumienie w podejściu do kobiet i w nastawieniu do świata.

Statystyki pokazują, że to mężczyźni, a nie kobiety, popełniają większość przestępstw i zabójstw na świecie. Istnieje także głęboki związek między sposobem, w jaki mężczyźni niszczą Matkę Naturę, a ich postawą względem kobiet. Naturze należy przyznać taką samą pozycję w naszych sercach, jak naszym biologicznym matkom.

Tylko miłość, współczucie i cierpliwość – podstawowe jakości kobiet – mogą złagodzić w mężczyznach wrodzoną agresję i nadpobudliwość. Podobnie jest z kobietami; niektóre z nich potrzebują także cech męskich, aby dobry i łagodny charakter nie doprowadzał ich do bierności.

Kobiety są potęgą i fundamentem naszego istnienia w świecie. Kiedy one stracą kontakt ze swoją podstawową naturą, zapanuje dysharmonia i destrukcja. Dlatego też jest niezwykle istotne, żeby wszystkie kobiety dołożyły wszelkich starań, aby ponownie odkryć swoją prawdziwą naturę, gdyż tylko wtedy możemy uratować świat.

Dzisiejszy świat najbardziej potrzebuje współpracy pomiędzy mężczyznami i kobietami, opartej na silnym poczuciu jedności w rodzinie i społeczeństwie. Jeśli kobiety i mężczyźni zaczną współpracować i wzajemnie się wspierać, to z pewnością w znacznym stopniu ograniczy to wojny i konflikty, złagodzi wszystkie cierpienia i wprowadzi więcej spokoju na świecie. Dopóki między męskim i żeńskim aspektem, między mężczyznami i kobietami, nie zostanie odbudowana harmonia, dopóty pokój będzie niczym więcej, jak tylko odległym marzeniem.

Na świecie istnieją dwa rodzaje języków: język intelektu i język serca. Język suchego racjonalnego intelektu lubi się spierać i atakować. Agresja leży w jego naturze. Jest czysto męski, pozbawiony miłości, czy poczucia jakiejkolwiek więzi. Mówi:

„Nie dość, że ja mam rację, a ty się mylisz, to jeszcze muszę to za wszelką cenę udowodnić, żebyś mi ustąpił". Kontrolowanie innych i robienie z nich marionetek, które tańczą, tak jak im się zagra, jest typowe dla tych, którzy posługują się tym językiem. Tacy ludzie starają się wymusić na innych swoje poglądy. Ich serca są zamknięte. Rzadko troszczą się o uczucia innych. Biorą pod uwagę wyłącznie swoje ego i samą potrzebę wygranej.

Zupełnie inny jest język serca i miłości, powiązany z pierwiastkiem żeńskim. Ci, którzy mówią tym językiem, nie dbają o swoje ego. Nie zależy im na udowadnianiu swoich racji ani na wytykaniu błędów innym. Cechuje ich głęboka troska o bliźnich, chęć niesienia pomocy i wsparcia oraz pragnienie podnoszenia innych na duchu. W ich obecności przemiana, po prostu, się wydarza. To oni dają światu prawdziwą nadzieję i światło. Ci, którzy zwracają się do nich, doświadczają odrodzenia. Kiedy tacy ludzie zabierają głos, to nie w celu pouczania, imponowania czy argumentowania – ale dla prawdziwej wspólnoty serc.

Prawdziwa miłość nie ma nic wspólnego z pożądaniem, czy nadmiernym koncentrowaniem się na sobie. W prawdziwej miłości nie ty jesteś najważniejszy, lecz inni. W miłości, druga osoba nie jest instrumentem służącym do spełniania twoich egoistycznych pragnień; za to ty jesteś narzędziem boskości przeznaczonym do czynienia dobra w świecie. Miłość nie poświęca innych. Miłość ofiarowuje samą siebie z radością. Miłość sama w sobie jest bezinteresowna; lecz nie jest to wymuszona bezinteresowność, jaką widzimy u kobiet spychanych na dalszy plan i traktowanych jak przedmioty. W prawdziwej miłości nie czujesz się bezwartościowy; wręcz przeciwnie, rozwijasz się i stajesz jednością ze wszystkim —wszechogarniający, nieustannie przepełniony błogością.

Niestety, w dzisiejszym świecie, to język intelektu bierze górę nad językiem serca. Nie miłość, lecz egoizm i pożądanie dominują w świecie. Ludzie o ograniczonych poglądach wpływają na tych o słabszych umysłach i wykorzystują ich, żeby osiągnąć swoje egoistyczne cele. Starożytne nauki mistrzów zostały zinterpretowane tak, aby pasowały do wąskich ram egoistycznych męskich pragnień. Pojęcie miłości zostało wypaczone. Właśnie dlatego świat jest pełen konfliktów, przemocy i wojen.

Kobieta jest stwórczynią rasy ludzkiej. Ona jest pierwszym Guru, pierwszym przewodnikiem i nauczycielem ludzkości. Pomyślmy o ogromnych siłach, tak pozytywnych, jak i negatywnych, które jeden człowiek może wyzwolić dla świata. Każdy z nas ma daleko idący wpływ na innych, niezależnie czy jesteśmy tego świadomi, czy nie.

Nie możemy lekceważyć odpowiedzialności matki, jako osoby inspirującej i wywierającej wpływ na swoje dzieci. Jest dużo prawdy w powiedzeniu, że za każdym człowiekiem sukcesu stoi silna kobieta. Gdziekolwiek widzimy ludzi szczęśliwych, przepełnionych pokojem, gdzie zobaczymy dzieci obdarzone szlachetnymi cechami i dobrym usposobieniem, również tam, gdzie widać ludzi mających ogromną siłę w obliczu porażki i niekorzystnych sytuacji, wszędzie, gdzie można spotkać ludzi o wielkich pokładach zrozumienia, sympatii, miłości i współczucia wobec cierpiących, oraz takich, którzy poświęcają się dla innych – natrafimy zazwyczaj na wspaniałą matkę, która zainspirowała ich, aby takimi się stali.

Matki najskuteczniej potrafią zasiać w umysłach ludzkich istot ziarno miłości, powszechnego braterstwa oraz cierpliwości. Między matką i dzieckiem istnieje szczególna więź. Wewnętrzne jakości matki są przekazywane dziecku wraz z jej mlekiem. Matka rozumie serce swojego dziecka. Ona przelewa swoją miłość na dziecko, uczy je pozytywnego spojrzenia na lekcje życia i poprawia jego błędy. Jeśli w tym samym miejscu kilkakrotnie przejdziesz przez pole delikatnej, zielonej trawy, łatwo wydepczesz ścieżkę. Dobre myśli i pozytywne wartości pielęgnowane w naszych dzieciach pozostaną w nich na zawsze. Łatwo jest ukształtować charakter dziecka, kiedy jest ono małe, dużo trudniej to zrobić, kiedy dziecko dorośnie.

Pewnego razu w Indiach, kiedy Amma udzielała darszanu, podszedł do niej młodzieniec, który był mieszkańcem części kraju zniszczonej przez terroryzm. Ludzie z tego obszaru bardzo ucierpieli z powodu częstych zabójstw i grabieży. Powiedział on Ammie, że był liderem grupy młodych ludzi, którzy wykonywali wiele prac społecznych w tamtej okolicy. Modlił się do Ammy: „Proszę, obdarz terrorystów, którzy są pełni nienawiści i okrucieństwa, właściwym zrozumieniem. Napełnij duchem przebaczenia serca wszystkich, którzy doświadczyli tak wielu bestialskich gwałtów i cierpienia. W przeciwnym razie, sytuacja tylko się pogorszy i przemocy nie będzie końca".

Ammę niezmiernie uradowała jego modlitwa o pokój i przebaczenie. Kiedy zapytała go, co sprawiło, że wybrał pracę społeczną, odpowiedział: „Zainspirowała mnie do tego moja matka. Miałem dzieciństwo mroczne i przerażające. Mając sześć lat, widziałem na własne oczy, jak ojciec, który kochał pokój, został brutalnie zamordowany przez terrorystów. Moje życie legło w gruzach. Byłem pełen nienawiści i pragnąłem jedynie zemsty. To dzięki matce zmieniłem nastawienie. Zawsze, kiedy mówiłem jej, że pewnego dnia mam zamiar pomścić śmierć ojca, ona odpowiadała: 'Synu, czy twój ojciec powróci do życia, jeśli zabijesz tych ludzi? Spójrz na swoją babcię, jaka jest zawsze smutna. Popatrz na mnie, jak jest mi ciężko związać koniec z końcem bez twojego ojca. Spójrz na siebie, jak jest ci smutno bez niego. Czy chciałbyś, by więcej matek i dzieci cierpiało, tak jak my? Dla nich ten ból będzie równie głęboki. Spróbuj wybaczyć mordercom ojca ich straszne czyny i zacznij głosić orędzie miłości i powszechnego braterstwa'.

Kiedy dorastałem, ludzie namawiali mnie, żebym się przyłączył do grup terrorystycznych, aby pomścić śmierć ojca. Jednakże ziarna przebaczenia, które zasiała we mnie matka, wydały owoc i w rezultacie, potrafiłem im odmówić. Niektórym młodym ludziom dałem tę samą radę, jaką otrzymałem od matki. Odmieniło to serca wielu ludzi, którzy dołączyli do mnie, aby służyć innym".

Miłość i współczucie, które ten chłopiec postanowił przelać na świat zamiast nienawiści, miały źródło w miłości jego matki.

Zatem matka, przez wpływ na swoje dziecko, ma wpływ na przyszłość świata. Kobieta, która obudziła w sobie wrodzone macierzyństwo, sprowadza niebo na ziemię, gdziekolwiek się znajduje. Tylko kobiety mogą stworzyć spokojny i szczęśliwy świat. Tak już jest, że ta, która kołysze dziecko w kolebce, jest też tą, która trzyma lampę oświetlającą ziemię.

Mężczyźni nigdy nie powinni utrudniać kobietom rozwoju, który prowadzi je do uzyskania należnej im pozycji w społeczeństwie. Muszą zrozumieć, że pełny udział kobiet w świecie jest niezwykle ważny, że trzeba zejść kobietom z drogi; ba, nawet utorować ją dla nich, aby była łatwiejsza.

Kobieta, ze swej strony, powinna bardziej myśleć o tym, co może ofiarować społeczeństwu, niż o tym, co od niego otrzyma. Taka postawa z pewnością pomoże jej w rozwoju. Należy podkreślić, że kobieta nie potrzebuje otrzymywać ani brać czegokolwiek od nikogo. Ona, po prostu, potrzebuje się przebudzić. Wtedy będzie mogła wnieść do społeczeństwa to, czym pragnie się z nim podzielić, a także osiągnie wszystko, czego będzie potrzebowała.

Zamiast gnuśnieć wewnątrz czterech ścian kuchni, kobiety powinny wyjść i dzielić się z innymi tym, co mają do zaoferowania oraz osiągać swoje życiowe cele. W dzisiejszych czasach, kiedy rywalizacja i agresja stały się normą, jedynie dzięki cierpliwości i tolerancji kobiet mamy jeszcze choćby namiastkę harmonii na świecie. Żeby przez obwód elektryczny mógł przepłynąć prąd, niezbędne są dwa bieguny, dodatni i ujemny; podobnie, aby życie płynęło w pełni, konieczna jest obecność oraz udział, tak kobiet, jak i mężczyzn. Tylko wówczas, gdy kobiety i mężczyźni uzupełniają się i wzajemnie wspierają, możliwy jest ich wewnętrzny rozkwit.

Ogólnie rzecz biorąc, dzisiejsze kobiety żyją w świecie ukształtowanym przez mężczyzn i dla mężczyzn. Kobiety nie potrzebują takiego świata. Powinny ustanowić własną tożsamość i tak odnowić społeczeństwo. Powinny jednak pamiętać o prawdziwym znaczeniu wolności. Wolność nie jest licencją na życie ani zachowywanie się w dowolny sposób, bez względu na skutki dla innych; nie oznacza też, że żony i matki powinny uciekać od obowiązków rodzinnych. Wolność i wzrastanie kobiety muszą się rozpocząć w niej samej. Również po to, aby *śakti*, czyli czysta moc, mogła się w kobiecie przebudzić i wzrastać, kobieta musi najpierw stać się świadoma swoich słabości. Dopiero wtedy będzie mogła przezwyciężyć te ograniczenia, dzięki sile woli, bezinteresownemu służeniu innym oraz duchowym praktykom.

Kobiety nigdy nie powinny utracić swojej prawdziwej natury, starając się odzyskać należne im miejsce w społeczeństwie. Taką tendencję można dziś obserwować w wielu krajach, a to nigdy nie pozwoli kobietom osiągnąć prawdziwej wolności. Nierealne jest osiągnięcie prawdziwej wolności przez naśladowanie mężczyzn. Jeśli kobiety same wyrzekną się żeńskich jakości, doprowadzi to w efekcie do całkowitego upadku kobiet i społeczeństwa. Problemy świata nie tylko nie zostaną rozwiązane, lecz ulegną nasileniu. Jeśli kobiety odrzucą swoje kobiece cechy, próbując naśladować mężczyzn, kultywując wyłącznie męskie jakości, to brak równowagi na świecie będzie się pogłębiał. Nie taka jest potrzeba wieku. Prawdziwą potrzebą jest to, żeby kobiety wniosły do społeczeństwa wszystko, co w ich mocy, rozwijając swoje wszechogarniające macierzyństwo równolegle z męskimi jakościami.

Dopóki kobiety nie podejmą wysiłku, by się przebudzić, będą, w pewnym sensie, odpowiedzialne za tworzenie swojego ograniczonego świata.

Im bardziej kobieta utożsamia się ze swoim wrodzonym macierzyństwem, tym bardziej budzi się do *śakti* – czystej energii. Kiedy kobiety rozwiną w sobie tę moc, świat będzie coraz częściej brać ich głos pod uwagę.

Wiele godnych uznania osób i organizacji, takich jak ONZ, wspiera rozwój kobiet. Ta konferencja jest dla nas okazją, żeby budować na tym fundamencie.

Amma chciałaby podzielić się kilkoma suge-
stiami.

Przywódcy religijni powinni dołożyć wszelkich
starań, aby poprowadzić swoich zwolenników
z powrotem do prawdziwej istoty duchowości
i w świetle tego, potępić wszelkie rodzaje ucisku
i przemocy wobec kobiet.

ONZ powinna wkroczyć w strefy wojen i za-
mieszek społecznych, aby zapewnić bezpieczne
schronienie kobietom i dzieciom, zwłaszcza tam,
gdzie są one szczególnie zagrożone.

Wszystkie religie i narody powinny potępiać
haniebne praktyki, takie jak zabijanie płodów żeńskich i dzieciobójstwo oraz okaleczanie żeńskich
narządów płciowych.

Ciężka praca dzieci powinna być zakazana.

System posagów powinien zostać zniesiony.

ONZ oraz przywódcy wszystkich państw
powinni podjąć intensywne wysiłki w celu uda-
remnienia handlu dziećmi oraz seksualnego wykorzystywania młodych dziewcząt. Konsekwencje
prawne powinny skutecznie odstraszać od takich
poczynań.

Liczba gwałtów, jakie wydarzają się na całym
świecie, jest zdumiewająca. Nie do przyjęcia jest

fakt, że w niektórych krajach to ofiary gwałtu są karane. Czy mamy jedynie stać i przyglądać się temu?

Powinien zostać podjęty wspólny międzynarodowy wysiłek edukacji młodych mężczyzn, w celu położenia kresu gwałtom oraz innym formom przemocy wobec kobiet.

W reklamach uwłacza się godności kobiet, traktując je, jak obiekty seksualne. Nie powinniśmy tolerować takiego wykorzystywania.

Przywódcy religijni powinni zachęcać swoich zwolenników do bezinteresownego służenia, tak by stało się ono integralną częścią ich życia.

Istota macierzyństwa nie ogranicza się tylko do kobiet, które urodziły dzieci; jest nieodłączną naturą tak kobiet, jak i mężczyzn. Jest to stan umysłu. To miłość – i ta miłość jest samym tchnieniem życia. Nikt nie powie: Będę oddychał tylko wtedy, kiedy jestem ze swoją rodziną i przyjaciółmi; nie będę oddychał w obecności moich wrogów.

Tak samo jest z ludźmi, w których obudziło się macierzyństwo; miłość i współczucie wobec wszystkich jest dla nich równie ważnym elementem życia, jak oddychanie.

Amma czuje, że nadchodzący wiek powinien być poświęcony ponownemu przebudzeniu uzdrawiającej mocy macierzyństwa. Jest to jedyna droga do spełnienia naszych marzeń o pokoju i harmonii dla wszystkich. To można osiągnąć! To zależy wyłącznie od nas. Pamiętajmy o tym i kroczmy naprzód.

Amma chciałaby podziękować wszystkim, którzy zaangażowali się w organizację tego szczytu. Amma głęboko docenia wasze starania na rzecz pokoju na świecie. Niech zasiane tu dzisiaj ziarna pokoju przyniosą owoce nam wszystkim.

Aum Namah Śiwaja